edition **:** chrismon

Margot Käßmann, promovierte Theologin und Mutter von
vier Töchtern, war fast elf Jahre Bischöfin der Evangelisch-
lutherischen Landeskirche Hannovers. Nach ihrer Lehrtätigkeit
in Atlanta und Bochum ist sie seit April 2012 „Reformations-
botschafterin" der evangelischen Kirche.

Bibliografische Information der Deutschen Bibliothek:
Die Deutsche Bibliothek verzeichnet diese Publikation in der
Deutschen Nationalbibliografie; detaillierte bibliografische
Daten sind im Internet über http://dnb.ddb.de abrufbar.

Herausgeberin: Margot Käßmann (EKD)
Textauswahl und Übertragung: Dr. Ralph Ludwig, Hannover
Gestaltung: Kristin Kamprad
Satz: Caroline Senkel
Titelillustration: Julia Krusch
Druck und Bindung: CPI – Clausen & Bosse, Leck

Printed in Germany, ISBN 978-3-86921-208-1

Margot Käßmann (Hg.)

Beten mit Luther

edition chrismon

Inhalt

Vorwort

Wir bereiten uns vor auf das 500-jährige Jubiläum der Reformation 2017, das mit dem Thesenanschlag in Wittenberg verbunden wird. Gewiss, ob die Thesen angeschlagen wurden, ob nicht ein späterer Termin als Beginn der Reformation zu sehen wäre, das ist strittig. Aber ein Symboldatum ist 1517 seit Jahrhunderten. Und so soll gefeiert werden, dass es eine Rückbesinnung auf die Bibel und auf Christus gab. Und es kann gefeiert werden, dass die gespaltene Kirche, die aus dem 16. Jahrhundert hervorging, heute ökumenisch verbunden ist und wir die kreative Kraft der konfessionellen Vielfalt zu schätzen wissen.

Viel wird in der Vorbereitung diskutiert über die Reformation und ihre Bedeutung mit Blick auf Bildung und Politik. Auch die Schattenseiten werden beleuchtet mit Blick auf Juden und Täuferbewegung. Zuallererst aber war und bleibt die Reformation eine Bewegung, die aus geistlichen Quellen schöpft. Die Lebenszusage Gottes als

Geschenk, aus Gnade allein, das war die entscheidende theologische Erkenntnis.

Martin Luther war im besten Sinne des Wortes ein frommer Mann. Er hat sein Leben geradezu im unmittelbaren Dialog mit Gott gelebt. Den Gebeten, die in diesem Büchlein versammelt sind, ist das abzuspüren. Es sind keine Gebete in fernen theologischen Höhen, sondern mitten im Alltag der Welt. Und doch sind sie durchdrungen von seiner theologischen Erkenntnis: Allein aus Gnade, allein aus Glauben leben wir.

Ab und an ist zu hören, die Kirchen der Reformation hätten eine geringere spirituelle Prägekraft als römischer Katholizismus oder Orthodoxie. Wer das sagt, ignoriert die große Rolle, die Beten und Singen für die Reformation spielten. Wer singt, betet doppelt, meinte Luther. Und das Mitsingen im Gottesdienst war oftmals das Zeichen zum Übertritt der Gemeinde zum reformatorischen Glauben. Menschen wollten sich beteiligen im Gottesdienst und nicht nur Zuhörende sein.

Im Gebet, wie Luthers eigene Gebete schön zeigen, kann der einzelne Christ, die einzelne Christin unmittelbar mit Gott ins Gespräch treten, ohne dass es der Vermittlung durch einen Priester oder Heilige bedarf.

Dazu braucht auch niemand eine komplexe Einführung, es betet sich sozusagen von selbst. Und das sollten wir auch nicht verkomplizieren. Martin Luther hat einmal an seinen Barbier Meister Peter über „Eine einfältige Weise zu beten" geschrieben und ihm Mut gemacht, ganz schlicht das Vaterunser zu sprechen. Nicht allzu viel Brimborium solle gemacht werden, sondern in diesem Gebet sei alles aufgehoben, wenn sich das Herz dafür erwärme. Luther schreibt: „Und ich habe so auch oft mehr in einem Gebet gelernt, als ich aus viel Lesen und Nachsinnen hätte kriegen können. Darum kommt es am meisten darauf an, dass sich das Herz zum Gebet frei und geneigt mache… Was ist's anders als Gott versuchen, wenn das Maul plappert und das Herz anderswo zerstreut ist?"[1]

Wer wie Luther den Tagesablauf strukturiert durch Gebete, etwa den Morgen- und Abendsegen, aber auch mitten im Alltag betet, nimmt einen Gesprächsfaden zu Gott auf. Wie in einer Freundschaft wird die Beziehung vertrauter und hat Bestand in guten und in schweren Tagen. Es geht dann nicht um spontane Angstgebete – oja, die gibt es auch! –, sondern um das Gebet als Lebenshaltung in Beziehung mit Gott. Und so verändert das

Gebet zuallererst mich. Aber wir beten ja auch nicht allein, sondern in einer Gemeinschaft und für andere. Das Gebet isoliert also nicht, sondern bringt uns auch in Beziehung zu Menschen.

Dabei ist wichtig: Beten meint nicht das Ende allen Zweifels. Gerade das „Amen" sollen wir laut sprechen, sagt Luther, damit wir den Zweifel, die Anfechtung angehen. Das ist mir wichtig. Zweifel darf sein, Fragen dürfen ausgesprochen werden: Wie kann Gott das zulassen? Warum wurde mein Gebet nicht erhört? Wenn wir das hineinnehmen in das Gespräch mit Gott, wird es unseren Glauben bereichern, auch das ist bei Luthers Gebeten schön zu sehen, ja zu erleben, wenn wir sie nachbeten.

Was können Gebete schon leisten? Ich denke, sie sind die Grundlage unserer Gottesbeziehung. Sie verändern Menschen und ihre Beziehungen. Und sie ermutigen fürs Leben. Gerade in Deutschland haben wir 1989 erleben können, wie Kerzen und Gebete die Welt verändern.

Ich wünsche mir, dass diese Sammlung von 95 Gebeten – ein bisschen Symbolik soll sein – Leserinnen und Leser hineinnimmt in Luthers Denken. Dass sie anregt, selbst zu beten. Und dass sie dort, wo Worte fehlen, Worte eines anderen sind, der uns Worte schenkt.

Ralph Ludwig ist zu danken für seine unermüdliche Arbeit, Gebete Luthers zu finden und zu übertragen in die Sprache unserer Zeit. Das ist ihm, finde ich, auf wunderbare Weise gelungen. Luther als Mensch und als Christ wird erfahrbar in seinem Beten.

Elke Rutzenhöfer danke ich für die wie immer kompetente Beratung bei der Auswahl und Gestaltung.

Der Apostel Paulus schreibt im Römerbrief: „Seid fröhlich in Hoffnung, geduldig in Trübsal, beharrlich im Gebet." (12,12) Das beschreibt die Lebenshaltung eines Christenmenschen. Und: das ist nicht nur eine reformatorische, sondern durchaus eine ökumenische. So hoffe ich, dass Luthers Gebete Menschen anregen, sie mitzubeten oder selbst zu beten oder zu dem Gebet zu greifen, das Jesus selbst uns gelehrt hat: Vater unser im Himmel...

Margot Käßmann
Berlin, im März 2014

---

[1] Martin Luther, Eine Einfältige Weise zu beten, für einen guten Freund (1535), in: Martin Luther Deutsch, Bd. 6, S. 205 ff.; 211.

Worauf es ankommt

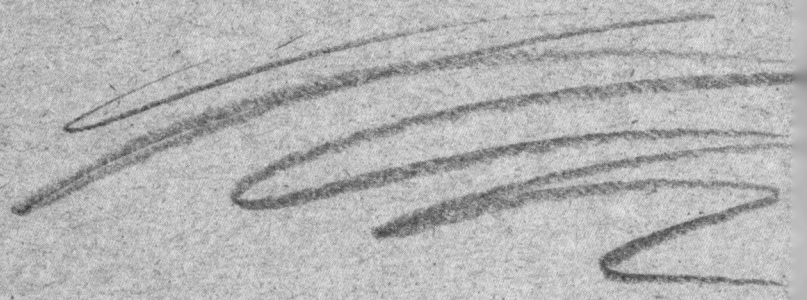

Arbeiten

Ich schlafe im Namen des Herrn
und weiß,
dass auch mein Schlaf Gott gefällt.
Wenn ich aber erwache
und meiner gewöhnlichen Arbeit nachgehe
in meinem Beruf
mit Schreiben, Lesen, Meditieren
mit Betrachten, Beten –
ich zweifle nicht daran,
dass auch diese Arbeit Gott angenehm ist.
Wenn ich wüsste, dass es ihm missfällt,
so würde ich es sofort einstellen.
Aber ich bin dessen gewiss,
dass ich Gott mit meiner Arbeit wohlgefalle,
nicht um meinetwillen,
der ich dies alles tue,
sondern um Gottes Willen,
der sich meiner erbarmt,
mir die Sünde vergibt, mich liebt, führt
und mit dem Heiligen Geist lenkt.

Dankbar

Lieber Gott,

Du hast unser dürftiges Gebet barmherzig erhört.

Lieber Vater, gib auch weiter ein dankbares Herz,

damit wir diese Gnade erkennen,

annehmen und dazu brauchen,

Dich zu loben und zu ehren.

Ein freier Mut

Ach, lieber Herr,
gib mir einen frohen Mut,
Lust und Freude.
Denn dieses Gut zu haben
ist Dein Geschenk,
das ich aus mir selbst heraus
nicht schaffen kann,
wenn Du sie mir nicht gibst.
Darum bitte ich Dich
um Christi willen,
gib mir einen frohen Mut,
eine reine Freude und Lust,
dass ich heute mit allen anderen
guter Dinge bin, doch ohne Sünde.

Neu anfangen

Herr Christus,

ich bleibe bei Dir,

und folge Dir nach und glaube an Dich.

Denn Du bist alles für mich.

Nun will ich hingehen

und mir die Zehn Gebote vornehmen,

mich in guten Taten üben.

Aber das Wichtigste soll sein,

dass ich mich an Dich halte,

denn durch Dich wird mir Leben geschenkt.

Danach aber will ich anfangen,

Gott und den Nächsten zu lieben,

so gut ich es vermag, und Gutes tun,

auch wenn mir klar ist,

dass meine guten Taten mir nichts helfen.

Mein Leben und Tun ist zu wenig und zu gering,

als dass ich den Tod besiegen,

die Hölle zuschließen und den Himmel
    öffnen könnte.

Darum erhalte mich bei Deiner Gnade.

Mit Gott rechten

O Herr,
wenn wir miteinander rechten sollten,
wie ich lebe und was ich tue,
so könnte ich vor Dir nicht bestehen,
selbst wenn ich Johannes der Täufer wäre.

Denn es wäre alles nicht Geschenk,
Gabe und Barmherzigkeit,
sondern mein eigenes Werk und mein Glaube.
Allein dadurch nenne ich mich fromm
   und Dein Diener,
dass Du mir ohne Unterlass gibst,
wie Du Abraham verheißen hast,
dass Du mir durch Christus barmherzig sein willst.
Bin ich schon nicht fromm,
so ist er doch rechtschaffen.

Bin ich schon nicht Gottes Diener,
so ist er es doch.
Bin ich auch nicht ohne Sorge und Furcht,
so ist er doch ohne Sorge und Furcht,
so dass ich mich in ihn selbst schwinge
und mich rühme,
dass ich in Dir durch Dich, Herr Christus,
   rechtschaffen sei.
Dir sei Lob in Ewigkeit.

Was immer ich tue

Lieber Gott,
was ich jetzt tue,
das will ich im Namen Jesu tun,
im Gehorsam, in den Gott mich versetzt hat,
und will es mit Freude tun.
Wenn mir etwas Schlechtes dabei widerfährt
und der Teufel mir zusetzt,
was kann es mir schaden?
Denn ich bin ja in einer Lage,
in der Gottes Wort mich lehrt und tröstet,
darum – was ich tue oder leide,
das ist wohlgetan,
möge Gott Wohlgefallen daran haben
und mit Gnaden bei mir sein.

Barmherzigkeit

O Herr,
lass' Deine Barmherzigkeit überreich fließen!
Nicht so, dass der Besitz oder die Gesundheit
    erhalten bleiben.
Wir bitten um die Fülle und um den Überfluss
    Deiner Barmherzigkeit.
Denn in diesem Jammer,
der die ganze Menschheit niederdrückt,
reicht eine kleine und ein bisschen Barmherzigkeit
    nicht aus!
Die wäre nur ein Tröpfchen –
wir aber brauchen eine ganze Flut, ein Meer
    von Barmherzigkeit,
damit sie genügt.
Dann aber wollen wir Dich preisen und froh sein.
Denn allein Deine Barmherzigkeit,
die uns von der Sünde erlöst und die ewige
    Seligkeit schenkt,
gebiert ewige und wahrhafte Freude,
Dankbarkeit und Dank.

Um Regen

Ach Herr,
erhöre doch unser Gebet
   um Deiner Verheißung willen, Herr Gott.
Du hast durch den Mund
   Deines Dieners David gesprochen:
„Der Herr ist nahe allen,
die ihn in Wahrheit anrufen,
er tut den Willen derer,
die ihn fürchten,
er erhört ihr Gebet und hilft ihnen aus der Not!"
Wie kann es sein,
dass Du keinen Regen schenken willst,
wo wir doch so lange rufen und bitten?
Nun, wenn Du keinen Regen schenkst,
so wirst Du etwas Besseres schenken,
ein geruhsames und stilles Leben,
Frieden und Einigkeit.

Nun bitten wir aber so sehr
und haben schon so oft darum gebeten –
wenn Du jetzt keinen Regen schenkst,
werden die Gottlosen behaupten,
Christus, Dein lieber Sohn, lüge,
wenn er sagt:
„Wahrlich, ich sage euch, was ihr den Vater
in meinem Namen bitten werdet,
das wird er euch geben" –
also werden sie Dich und Deinen Sohn zugleich
   Lügen strafen.
Ich weiß: Wir schreien von Herzen zu Dir
und seufzen sehnlich nach Regen –
warum erhörst Du uns nicht?

Treue Lehrer

Herr, lieber Vater,
erhalte uns bei Deinem Wort,
nimm es nicht von uns
um unserer Sünde, Undankbarkeit
    und Faulheit willen.
Behüte uns vor Heuchlern und falschen Lehrern.
Sende uns treue und rechte „Arbeiter in seine Ernte",
also treue und fromme Pfarrer und Prediger.
Schenke uns auch die Gnade, dass wir deren Wort
    als das Deine demütig hören
und ehren, Dir auch von Herzen
danken und Dich loben.

Sein und Nichtsein

Herr und gütiger Vater,

ich will weder sein noch nicht sein,

leben oder sterben,

wissen oder nicht wissen,

haben oder Mangel leiden:

Dein Wille geschehe.

Ich will nicht das Deine, ich will Dich selber haben.

Du bist mir nicht lieber,

wenn es mir gut geht,

aber auch nicht weniger lieb,

wenn es mir schlecht geht.

Genügen

Lieber Herr und Gott,
was Du mir geben wirst,
will ich mit fröhlichem Herzen
und Dank annehmen.
Was Du mir aber nicht geben wirst,
das will ich gern entbehren.
Ich will mich zufrieden geben
sowohl mit wenigem Gut als mit großem Reichtum.

Zuhören

Gott, ich glaube nicht an meinen Pfarrherrn,
sondern er spricht von einem anderen Herrn,
der Christus heißt, den zeigt er mir,
und auf dessen Mund will ich sehen,
und wenn er mich auf diesen rechten Meister
   und Lehrer,
den Sohn Gottes, führt.

Ich bin nicht allein

Finde mich

Mein Herr Jesus Christus,
Du bist ja der alleinige Hirte,
ich aber das verlorene Schaf,
das sich verirrt hat,
mir ist angst und bange,
ich wollte ja schon gern fromm sein,
einen gnädigen Gott und ein gutes Gewissen haben.
Nun höre ich aber hier,
dass Du Dich ebenso nach mir sehnst
   wie ich mich nach Dir.
Mich bedrückt, wie ich zu Dir kommen kann
und mir geholfen wird.
Aber Du machst Dir ebenso Sorgen um mich
und willst nichts anderes
als dass Du mich wieder zu Dir bringst.
Also komme nun zu mir, suche und finde mich,
damit ich zu Dir kommen kann
und Dich in Ewigkeit lobe und preise.

Mein Schatz

Lieber Herr,
ich weiß,
Du hast noch mehr,
Du hast viel mehr,
als Du je verschenken kannst.
Mir wird nichts mangeln.
Denn wenn es wirklich nötig wäre,
die Himmel würden noch Geld regnen lassen.

Sei Du mein Schatz,
mein Keller und mein Speicher,
in Dir habe ich alle Schätze.
Wenn ich nur Dich habe,
so habe ich genug.

Nichtigkeit

Ach mein Herr Christus,
all mein Können ist nichts,
all meine Klugheit ist Blindheit und Torheit,
all meine Rechtschaffenheit und mein Leben
taugen zur Hölle.
Darum befehle ich mich Deiner Gnade an,
lenke mich durch Deinen Geist,
lasse nichts in mir,
wonach ich mich selbst lenke und klug sei,
mache meinen Sinn und meine Vernunft
ganz zum Narren
und halte mich in Deinem Schoß.

Am Boden

Ach Christus,
sieh an,
wie ich daliege und gefallen bin.
Ach Christe,
wie Du selbst überwunden hast,
so hilf mir auf,

dass ich Deine Hilfe spüre und fühle,
damit mein Glaube stärker wird
und ich Deine Macht preise.

Todesgedanken

Mein himmlischer Vater,
mein Gott und Vater unseres Herrn Jesus Christus,
Du Gott allen Trostes,
ich danke Dir,
dass Du mir Deinen lieben Sohn Jesus Christus
   geoffenbart hast,
an den ich glaube,
den ich gepredigt und gelobt habe.
Ich bitte Dich, mein Herr Jesus Christus,
lass Dir meine Seele anbefohlen sein.
Mein himmlischer Vater,
auch wenn ich diesen Leib verlassen
und aus dem Leben herausgerissen werden muss,
so bin ich doch gewiss,
dass ich auf ewig bei Dir bleibe
und niemand mich aus Deinen Händen
   reißen kann.

Um Verzeihung

Allmächtiger Gott,
Du hast uns Deinen Sohn gegeben,
dieses Geschenk erhalte uns,
wo wir doch so oft straucheln und fallen
in Gedanken, Worten und Werken.
Das verdirbt uns die Freude,
die wir an Dir haben sollen.
Doch obwohl wir täglich in Schuld fallen,
faul und undankbar sind,
so bleibe Du doch unser Gott,
sei freundlich und zugeneigt,
damit wir im Frieden und in der Freude
des Heiligen Geistes bleiben mögen.

Gebote erfüllen

Herr Gott,

wer kann Deine Gebote halten?

Je kräftiger Du gebietest,

umso weniger erfüllt man sie.

Wir sollten Dir vertrauen und Deine Gebote halten,

doch das tun wir nicht.

Nichts anderes erkennen wir am Gesetz,

als dass nichts Gutes an uns ist.

Denn Moses hat es deswegen gegeben,

damit wir diese schreckliche Wahrheit erkennen.

So komme Du nun, Herr,

gib uns den Segen,

erlöse uns von diesem Fluch,

die Gebote verhelfen nicht zu einem guten

  Gewissen,

allein Dein Segen kann es schaffen.

Im Bodensatz der Welt?

Lieber Gott, die Welt ist nun einmal so beschaffen,
dass wir darin nicht müßig stehen
  noch bleiben können.
Wir haben immer etwas vor uns,
im Haus und draußen in der Welt.
Verleihe uns die Gnade,
dass wir, was nötig ist, in Weisheit,
in Demut und in Ehrfurcht vor Dir tun.
Uns dabei erinnern,
dass wir unserer Sünde wegen
eigentlich Deinen Zorn verdient haben.
Damit wir nicht im Bodensatz der Gesellschaft
  landen,
der weder nach dem Leben noch dem Tod fragt,
noch etwas davon wissen will,
sondern nur den Bauch füllt,
Ehre und Ansehen sucht.

Dieser Bodensatz verachtet den zornigen Gott,
fragt weder nach Gnade noch nach Zorn,
lebt in großer Stumpfheit und Verwegenheit –
erhalte uns dagegen in Deiner Weisheit, das heißt:
   in der Ehrfurcht vor Dir,
denn sie ist aller Weisheit Anfang, oder:
„Die höchste Weisheit ist die Furcht vor Gott."
So haben wir Deinen Zorn vor Augen
und leben darum in Demut vor Dir.

Vergeben können

Lieber Gott,
wie kann das sein:
Ich habe es von diesem Menschen jedenfalls
  nicht verdient.
Aber ich muss auch zurücksehen
und über mich hinaus denken,
wie ich vor Dir dastehe.
Da finde ich vieles auf meinem Kerbholz,
ein langes Sündenregister,
das überführt mich,
dass ich ja zehnmal ärger bin als der andere,
habe zehnmal, ja tausendmal mehr
  gegen Dich gesündigt
als mein Nächster gegenüber mir.
Darum gebührt es mir,
das Krumme wieder gerade zu biegen
und zu sagen:
O Herr, vergib,
ich will auch vergeben.

Vergebung erfahren

Herr,

ich kann mit Dir nicht rechten,

ich weiß nicht, wie ich mit meinem Leben

vor Dir bestehen kann.

Denn Johannes ist viel besser gewesen als ich es bin

und hat sich doch nicht auf seine Untadeligkeit

    verlassen.

Ja, ich will mich gern vor Sünden hüten,

fromm sein, keusch und züchtig leben,

aber damit ist mir nicht geholfen,

allein das hilft mir,

was Du durch den heiligen Johannes hast

    predigen lassen:

dass wir allein durch Vergebung der Sünden

    selig werden.

Morgens, mittags, abends

Morgensegen

Ich danke Dir,
mein lieber himmlischer Vater,
durch Jesus Christus, Deinen lieben Sohn,
dass Du mich diese Nacht
vor allem Schaden und Gefahr behütet hast.
Und bitte Dich,
Du wollest mich diesen Tag auch behüten
vor Sünden und vor allem Übel,
dass Dir all mein Tun und Leben gefalle.
Denn ich befehle mich,
meinen Leib und Seele und alles in Deine Hände,
Dein heiliger Engel sei mit mir,
dass der böse Feind keine Macht an mir finde.

Abendsegen

Ich danke Dir,
mein himmlischer Vater,
durch Jesus Christus, Deinen lieben Sohn,
dass Du mich diesen Tag so gnädig behütet hast.
Und bitte Dich,

Du wollest mir vergeben alle meine Sünde,
wo ich Unrecht getan habe,
und mich auch diese Nacht so gnädig behüten.
Denn ich befehle mich,
meinen Leib und Seele
und alles in Deine Hände.
Dein heiliger Engel sei mit mir,
dass der böse Feind keine Macht an mir finde.

Täglich

Allmächtiger, ewiger Gott,
wir bitten Dich,
erhalte uns gnädig in der rechten Erkenntnis
Deines göttlichen Wortes
durch Deinen Heiligen Geist,
verleihe uns Frieden und Gesundheit,
dass wir die Arbeit in unserem Beruf
    treu verrichten,
das bitten wir durch Jesus Christus,
Deinen lieben Sohn, unseren Herrn.

Hausgebet

Herr Jesus Christus,

Du hast mir die Augen geöffnet,

damit ich begreife,

wie Du mich durch Deinen Tod von den Sünden
  erlöst hast,

durch Dein Auferstehen zum Erben des Himmels

und des ewigen Lebens gemacht hast.

Nun, lieber Herr,

ich danke Dir für diese große,
  unaussprechliche Gnade,

darum will ich gern tun,

soweit ich es kann,

was Du von mir haben willst.

Du hast geboten,

ich soll meinem Mann, meiner Frau

treu dienen,

fleißig arbeiten und auf sie und ihn hören,

das will ich gern tun.

Du hast mich zur Hausmutter,
   zum Hausvater geschaffen.
Lieber Gott,
ich will Dir gehorsam sein,
mit Lust und Liebe tun,
was sich gebührt,
und lieber mein Leben dafür geben,
als dass ich Dir nicht gehorsam sein sollte
und meinen Kindern und der Familie
nicht Treue erzeigen
oder ihnen gar ohne böse Absicht
Anlass zu Verfehlungen gebe.

Gebet eines Hausvaters

Herr,

Du hast mir Frau und Kinder anvertraut,

Haus und Hof geschenkt,

das alles nehme ich in Deinem Namen an.

Verwalte alles um deinetwillen,

ich will dazutun, was immer ich kann,

   um deinetwegen.

Damit alles recht zugeht.

Geht es nicht nach meinem Plan,

so schenke mir Geduld, wie das Sprichwort sagt:

„Gehen lassen, wie es geht,

es geht doch so, wie es eben geht!"

Gerät es gut,

so will ich Dir Dank sagen.

Auch Herr, es ist nicht mein Werk,

meine Mühe und meine Arbeit,

sondern allein Deine Gabe und Dein Geschenk.

44

Sünde erkennen

Herr,

ich kann meine Sünden nicht zählen

die ich getan habe und noch tue.

Ich habe sie zu großen Teilen sogar vergessen.

Erkenne sie auch gegenwärtig nicht.

Denn alles in mir und in meinen Kräften,

was außerhalb der Gnade lebendig ist,

ist Sünde und Vergehen.

Wenn aber die Gnade und der Glaube herrscht,

bin ich gut durch Christus.

Sobald dies aber endet,

weiß und bekenne ich,

dass bei und in mir nichts Gutes ist.

Das wickelt sich auf wie ein ganzes Knäuel,

und soviel ich auch abwickeln kann,

so finde ich doch kein Stückchen Gutes daran.

Es ist nicht gut, was ich rede, denke, tue und lebe,

wenn nicht Deine Gnade und göttliche Kraft wäre,

auch wenn ich fromm wie ein Mönch lebte.

Christlich leben

Ich danke Dir, mein Herr, himmlischer Vater,
für alle Deine Wohltat,
die Du mir erwiesen hast,
dass Du mich zu einem vernünftigen Menschen
    erschaffen hast,
hast mich erlöst durch das unschuldige Blut
    Deines lieben Sohnes,
meines lieben Herrn und Heilandes Jesus Christus.
Ich bitte Dich,
mein lieber Vater,
verleihe mir Deine Gnade,
Dein heiliges Wort recht zu lernen.
Christlich danach zu leben
und selig zu sterben
durch Jesus Christus, Deinen lieben Sohn,
    unseren Herrn.

Tun, was recht ist

Allmächtiger Gott,

Du bist ein Beschützer aller,

die auf Dich hoffen.

Ohne Deine Gnade

vermag niemand irgendetwas zu tun,

noch vor Dir zu bestehen.

Lass uns Deine Barmherzigkeit reichlich erfahren,

damit wir durch Deine heilige Führung erfassen,

was recht ist,

und mit Deiner Hilfe das auch tun

um Jesu Christi, Deines Sohnes,

unseres Herren willen.

Das tägliche Brot

Herr,
ich weiß, dass ich mir selbst nicht ein Stück
meines täglichen Brotes schaffen
noch erhalten kann
noch gar mich vor Not und irgendeinem Unglück
  behüten kann.
Darum will ich es von Dir erbitten,
wie Du es mir geboten und verheißen hast,
wo Du doch meinen Gedanken zuvorkommst
und Dich meiner Not annimmst.

Ein tägliches Beichtgebet Luthers

Gott, Vater in Ewigkeit,
wolltest Du heute nicht achten
auf die unüberschaubare Menge meiner Sünden,
die mir stets vor Augen steht.
Lege sie mir nicht zur Last,
sondern decke sie durch Deinen Mittler
und unseren Versöhner Christus zu
und richte Deinen Blick auf das Angesicht

Deines Gesalbten, Deines Christus,
durch den allein ich vor Dir Gnade finden kann,
ohne den auch niemand zu Dir gelangen kann
durch eigenen Verdienst und eigenes Mühen.
Das hast Du mir durch das Evangelium zum Trost
angeboten und geschenkt,
das will ich Dir glauben.
So soll Dein Sohn und mein Mittler
mit allem, was er hat, der meine sein.
Er soll meine Gerechtigkeit,
meine Heilung und meine Erlösung sein.
Durch seine Gnade
schaffe Gott mir von nun an
Leben, Sterben und Auferstehen in Christus
nach Deinem göttlichen Willen.

Liebe und Familie

Glückliche Ehe

Lieber Gott,
Du sagst mir zu,
dass Du mein Gott und Herr sein willst.
Du hast mich zu einem Mann,
einer Frau geschaffen.
Das ist Dein Geschöpf,
Dein Werk und Ordnung.

Ich habe mich also nicht selbst geschaffen,
bin aber auch nicht zufällig so geworden,
wie ich bin.
Gib Deinem Geschöpf
Dein Gedeihen,
verleihe uns die Gnade,
dass ich ein glücklicher Mann,
eine glückliche Frau sein kann.

Geliebte Frau

Herr Gott,
Du hast es geschenkt,
dass ich ein Mann bin.
Du hast mir auch diese Frau geschenkt.
Nun sind wir beide in dieser Welt zusammen,
in diesem zerbrechlichen Wesen,
ja mitten unter Widrigkeiten,
die eheliche Liebe und Treue zerstören können.
Darum sei Du mit Deinem Segen bei uns, damit,
wenn sich Leid einstellt,
Dein Segen und die wunderbaren Gaben,
die unsere Ehe uns gewährt,
dieses Leid überwinden.

Gegenüber

Gütiger und barmherziger Gott,
Du hast uns aus Gnaden
zur Ehe zusammengebracht,
den Stand, der Dir gefällt
und den Du selbst gestiftet hast.
Du hast uns ein Gegenüber geschenkt,
rechtschaffene Kinder und Freunde
und uns die Sorge um unseren Hausstand auferlegt.
Nun bin ich aber zu schwach
für diese großen Aufgaben.
Darum bitte ich Dich,
lieber Gott,
Du wollest uns zur Seite stehen
und die Aufgaben, die uns auferlegt sind,
fördern und uns helfen,
dass sie erfüllt werden und vor Dir
gefällig und angenehm sind.

Um eine Frau bitten

Herr, Gott,

die Ehe ist Deine Ordnung.

So bitte ich Dich, dass Du mir eine Frau schenkst,

damit ich friedlich und ehrsam,

mehr noch: in echter Liebe leben kann,

dass mein Wille ihr Wille sei

und wiederum ihr Wille mein Wille,

ich bitte auch,

schenke uns durch Deinen Segen

Kinder und Erben,

die ich christlich und gut erziehen kann.

Um Liebe

Lasst uns bitten, dass unser lieber Vater im Himmel
um seines Sohnes Jesus Christus willen
   durch seinen Heiligen Geist
uns allen gnädig verleihe,
dass wir rechte Schüler Christi werden
und ein Herz bekommen,
dem eine unerschöpfliche Quelle
der Liebe innewohnt,
die nie versiegt.

Für die Kinder

O allmächtiger Gott
und Vater unseres Herrn Jesus Christus,
der Du mir diesen Sohn, diese Tochter
gegeben hast,
ich bitte Dich,
beschere und schenke ihnen
einen rechtschaffenen,
guten und christlichen Ehepartner,
und hilf ihnen durch Deinen Heiligen Geist,
dass sie glücklich in ihrer Ehe leben –
denn das liegt an Dir allein,
an sonst niemandem.

Ein Kind ist sterbenskrank

Lieber Gott,
der Schlag schmerzt sehr,
aber Du bleibst der Vater,
das weiß ich sicher.
Und Du, lieber Heiland Jesus Christus,
Du warst doch unser Vorbild in allem Leiden,
tröste uns
und drücke uns an Dein Herz,
dass ich das Opfer, wenn es nötig ist,
mit Trauer bringe,
und Dir das Kind willig übergebe.

Arbeit
und
Beruf

Die Aufgaben erfüllen

Allmächtiger, ewiger und barmherziger Gott,
Du hast mit Worten und Werken genug gezeigt,
dass Du als treuer Vater für uns sorgst,
dass Du uns gnädig als Deine Kinder
    aufgenommen hast
und jedem einen Beruf gegeben,
worin er Dir und dem Nächsten dienen soll.
So bitten wir Dich von Herzen,
lieber Vater, gib Gnade,
dass wir unseren Beruf ordentlich wahrnehmen,
dass wir allezeit als Deine treuen Kinder
    empfunden werden.
Fördere, was wir tun, in der Weise,
dass wir unsere Herzen
nicht an die Güter dieser Welt hängen
oder jemandem zum Ärgernis werden.
Lasse uns alle zeitlichen Güter und Gaben,
die wir durch Deinen Segen empfangen haben
still und ruhig mit täglichem Dank
    genießen und gebrauchen.
Halte von uns jeden Müßiggang fern,
überflüssige Sorge und unmäßiges Essen,

alles, was Dir missfällt.

Fördere in uns und bei uns alles,

was Dir wohlgefällt,

damit wir in allem, was wir tun, Dein Wort befolgen
und alle Sorgen und Wünsche in rechtem Glauben
auf Dich werfen.

Du weißt allein, woran es uns mangelt und wessen
wir bedürfen,

das wollest Du uns gnädig verleihen.

Berufen

Lieber Herr Gott,

Du hast mich zu einem Fürsten, Richter,

Hausvater, Pfarrherrn oder Diener der Kirche
gesetzt.

Darum leite und lehre Du mich,

gib mir Rat, Weisheit, Stärke und Kraft,

dass ich mein befohlenes Amt

fleißig und gut ausrichte.

Kein Erfolg

Himmlischer Vater,
Du bist ja mein Herr und Gott,
der mich geschaffen hat, als ich nichts war,
dann erlöst hat durch seinen Sohn.
Nun hast Du mir diese Aufgabe auferlegt,
darin geht es aber nicht, wie ich es wollte,
es gibt so vieles, das mich bedrückt und ängstet.
Ich weiß weder aus noch ein,
darum befehle ich mich Dir an,
gib Du Rat und Hilfe
und sei selbst alles in diesen Dingen.

Dank für die Arbeit

Ich danke Dir, Herr und Gott,
dass Du mich in einen gottgefälligen,
ehrbaren und wohltuenden Beruf gesetzt hast.
Darin will ich gern bleiben und leiden,
was zu leiden ist.
Ich danke Dir,
mein lieber Herr Christe,
dass Du mich so geführt und behütet hast,
dass ich bis hierhin gekommen bin.
Du wirst mir auch zu einem guten Weg helfen.
Dir sei Lob und Ehre,
Dir und dem Vater und dem Heiligen Geist
  in Ewigkeit.

Wenn Gott nicht schenkt

Lieber Gott,
ich habe Geld und Gut,
Gold und Silber,
es ist aber nicht mein Werk,
sondern, o Herr, Dein Geschenk,
das Du mir wegen meiner Mühe gegeben hast.
Doch wie sehr ich mich auch gemüht hätte,

wenn Du nicht hättest schenken wollen,
so hätte ich gar nichts.

Konkurrenz

Mein Gott,

es ist Dein und nicht mein,

Du hast es gegeben –

sonst müssten ich und alle anderen

das alles entbehren.

Ich danke Dir dafür,

es wäre recht, wenn jeder sich in Demut verneige.

Denn unseres Herrn Gottes Güter

soll man nicht gering achten,

sondern sie anerkennen und hoch achten,

dabei aber nicht stolz werden

oder gar andere verachten.

Sagen soll man dagegen –

   wie oft ist das schon verkündet worden –:

Lieber Gott, es ist Deine Gabe,

die Du mir geschenkt hast,

wenn ein anderer dieselbe nicht hat,

das schadet nicht.

Er hat dennoch einen ebenso gnädigen Gott wie ich,

warum sollte ich ihn deswegen verachten?

Saure Arbeit

Herr,
ich stehe früh auf
und lasse es mir sauer werden.
Und doch komme ich nicht voran,
muss immer wieder mein Brot
mit Angst und Sorge essen.
Nun, Herr, tue ich meine Pflicht,
tue, was Du mir befohlen hast,
will mich gern weiter mühen
und tun, was Du willst.
Allein: Hilf Du mir das rechte Maß finden,
hilf Du mir auch, das Richtige zu tun.

Verantwortung tragen

Allmächtiger, ewiger Gott,
Du hast es so geordnet und eingerichtet,
dass ich das Recht studieren,
lernen und sprechen soll, was recht sein soll.
Darum gib Du Gnade und Segen dazu,
damit ich nur die Wahrheit suche und finde.
Handele so, dass es Dir gefallen kann,
Dir zu Ehren,
dem Land und den Menschen zum Nutzen,
um Christi willen,
Deines lieben Sohnes,
meines Herrn und Heilandes.

Gute Arbeit

Du gütiger, barmherziger Gott,
wir haben darum gebeten,
Du wollest uns freundlich sein
und uns Dein göttliches Tun erweisen,
zu dem wir nichts hinzufügen können.
Wir sind nur Zuschauer Deines Wirkens,
uns bleibt nur,
Deine himmlische Gnade und Deine Gaben
aus Deiner milden Hand annehmen
   und empfangen.
Wir können Dir nichts geben.
Denn es ist ohnehin alles Dein.
Wie der Psalm sagt: Die Erde ist des Herrn
   und was darinnen ist.
Annehmen müssen wir es,
sonst sind wir verloren.

Denn es heißt: „Aller Augen warten auf Dich, Herr,
und Du gibst ihnen ihre Speise zu seiner Zeit."
Weil Du nun Deine göttlichen Werke an uns tust
und uns von Teufel, Tod, Sünde und Hölle
   erlöst hast,
so treten wir nun auch vor Dich
mit unseren armen, elenden Werken,
die Du uns in uns und draußen in der Welt
   auferlegt hast.
Und bitten darum,
Du wollest sie voranbringen und so ansehen,
dass sie Dir gefallen und angenehm erscheinen.

Gemobbt werden

Herr,
ich leide viel, es geht mir schlecht.
Aber meinen Feinden geht es gut,
sie leben,
ich aber sterbe andauernd.
Sie sind mächtig und stark, sie werden geehrt,
ich lebe in Schmach,
sie leben in Frieden,
ich aber in Unfrieden.
Sie werden immer zahlreicher
und haben immer mehr Menschen,
die sie begünstigen,
die sie loben und zu ihnen halten.
Ich bin allein, verlassen, niemand hält zu mir.

Niemand schenkt mir seine Gunst,
ich bin ein Einsamer,
von allen verachtet und verlassen.
Darum, lieber Herr und Gott,
nimm Du mich auf und verlasse mich nicht,
beeile Dich mir zu helfen,
denn alle anderen bringen mich ins Verderben.
Ich suche keine Rettung und Seligkeit,
weder in mir selbst noch in einem anderen –
nur bei Dir allein.

In der Kirche

Allmächtiger,
ewiger und barmherziger Gott,
Vater unseres lieben Herrn und Heilandes
   Jesus Christus,
wir sehen und fühlen,
wie es Deiner Kirche in diesem Leben geht.
Welches Glück sie hat
und wie sie mitunter vom Teufel
und von der Welt geplagt wird.
Darum bitten wir Dich
 um Deines lieben Sohnes willen,
Du wolltest unsere Herzen und Sinne
mit Deinem Heiligen Geist trösten und stärken,
damit wir von den großen Gefahren nicht
überwältigt werden noch unterliegen,
auch dass Du Dich der Feinde annimmst
und sie nicht nur hinderst,

sondern mit Deiner treuen und wunderbaren Hilfe
der ganzen Welt zeigst, erklärst und beweist,
dass Du für Deine Kirche sorgst, sie lenkst
  und regierst,
sie schützt, erhältst und errettest.
Der Du lebst und regierst – ein ewiger Gott, Vater,
  Sohn und Heiliger Geist
von Ewigkeit zu Ewigkeit.

Wie ein Prediger beten sollte

Lieber himmlischer Vater,
rede Du, ich will gern ein Schüler und Kind sein
   und schweigen.
Denn sollte ich die Kirche lenken
und aus meiner eigenen Einsicht, Weisheit und
   Vernunft führen,
so steckte der Karren schon längst im Dreck,
das Schiff wäre lange schon in Trümmer gegangen.
Darum, lieber Gott, lenke und führe Du selbst sie,
ich will mir gern meine Augen ausstechen
und der Einsicht folgen,
sie allein durch Dein Wort lenken zu lassen.

Mit dem Herzen lernen

Gleichgewicht

Lieber Gott,
verleihe uns ein friedliches Herz
und Gleichmut im Kampf gegen das Böse,
dass wir nicht nur dulden und am Schluss siegen,
sondern auch mitten in Kampf und Unruhe
Frieden finden,
Dich loben und Dir danken,
nicht ungeduldig werden gegen Deinen
  göttlichen Willen,

damit der Friede in unseren Herzen
  die Oberhand behält,
damit wir nichts gegen Dich, unseren Gott,
oder Menschen aus Ungeduld unternehmen,
sondern gegen beide,
gegen Gott und gegen Menschen,
still und friedlich bleiben,
bis der endgültige und ewige Friede kommt.

Gegen die Faulheit

Herr,
ich bin ein fauler Esel,
darum komme ich zu Dir,
damit Du mir hilfst
und mein Herz anzündest!

Schwäche fühlen

Lieber Herr,
ich fühle mich so schwach,
so krank und verzagt,
doch will ich mich dadurch nicht
in die Irre führen lassen!
Ich will dennoch zu Dir kommen,
damit Du mir hilfst.
Denn Du bist ja der Hirte,
daran glaube ich,
und darum kann ich gut
an meinem eigenen Tun verzweifeln.

Mit dem Herzen lernen

Lob der Gotteswunder

Bist Du nicht ein wunderbarer, liebender Gott,
der uns so wunderbar und so freundlich leitet?
Du erhöhst uns,
wenn Du uns erniedrigst.
Du machst uns gerecht,
wenn Du uns zu Sündern machst.
Du führst uns gen Himmel, wenn Du uns in den
    Abgrund stößt.
Du verleihst uns den Sieg,
wenn Du uns unterliegen lässt.
Du tröstest uns,
wenn Du uns trauern lässt.
Du machst uns fröhlich,
wenn Du uns verzweifeln lässt.
Du lässt uns singen,
wenn Du uns weinen lässt.
Du machst uns stark,
wenn wir leiden.
Du machst uns weise,
wenn Du uns zu Narren machst.

Du machst uns reich,
wenn Du uns Armut schickst.
Du machst uns zu Herren, wenn Du uns
dienen lässt.

Ein Hilfeschrei

Lieber Herr Jesus Christus,
mein Verlangen ist so groß,
dass ich es nicht in Worte fassen kann,
ich weiß nicht wie darum bitten.
Du siehst mein Herz – was soll ich mehr sagen,
mein Leid ist größer als meine Klage sein kann.
Ich kann mir mit meiner Vernunft nicht helfen,
mit meinem Herzen nicht trösten,
das ist ganz verloren.
Ohne Trost, ohne Rat, ohne Hilfe bin ich nun.
Dein Zorn, Deine Hand und Dein Pfeil
hat mich getroffen.

Lieber Herr Jesus Christus, wo bleibst Du?

Allmächtiger, ewiger Gott,

wie steht es nur um die Welt,

wie reißt sie das Maul auf,

wie gering ist das Vertrauen der Menschen auf Gott!

Wie sind die menschlichen Gedanken

so flüchtig und schwach,

der Teufel dagegen so gewaltig und geschäftig

durch seine Boten und schlauen Agenten,

so dass die Menschen sich von Dir abwenden

und vor sich hinleben,

die eingefahrenen Bahnen und den bequemen Weg
  zur Hölle laufen,

wo die Gottlosen hingehören.

Man blickt nur noch auf das,

was prächtig und mächtig, groß und bedeutend ist.

Wenn ich meine Augen darauf richten würde,

so wäre ich schon verloren,

die Glocke ist schon gegossen und das Urteil gefällt.

Ach Gott, ach Gott, Du mein Gott:

Stehe Du mir gegen alle Vernunft der Welt bei,

handle Du, Du musst es,

es ist doch nicht meine, sondern Deine Sache!

Ich habe doch mit den Großen der Welt
nichts zu schaffen!
Ich könnte doch ruhige Tage haben
und ohne Aufregung leben.
Doch es ist Deine Sache, Herr,
und sie ist gerecht und ewig.
Stehe mir bei, Du treuer und ewiger Gott,
ich verlasse mich auf keinen Menschen,
es ist ja doch vergeblich und umsonst,
es hinkt alles, was menschlich ist
   und nach Menschen riecht!
Mein Gott, hörst Du nicht,
mein Gott, bist Du etwa tot?
Nein, Du kannst nicht sterben,
Du verbirgst Dich nur –
hast Du mich dazu berufen?
Ich frage Dich, damit ich es gewiss erfahre –
nun, so walte Gott es!
Denn ich hatte mein Leben lang nichts
gegen die großen Herren zu unternehmen gedacht,
hatte es auch nie vor!
Gott, stehe mir doch bei

im Namen Deines lieben Sohnes Jesus Christus,
der mein Schutz und Schirm sein soll,
meine feste Burg, gestärkt und ermutigt
    durch den Heiligen Geist.
Herr, wo bleibst Du?
Du mein Gott, wo bist Du?
Komm, komm, ich bin bereit,
sogar wenn es mein Leben kostet,
geduldig wie ein Lamm.
Denn die Sache ist gerecht und ist Deine Sache!
Darum will ich mich von Dir niemals abwenden,
das wage ich auf Deinen Namen hin!
Die Welt soll mich wegen meines Gewissens
ganz unbekümmert lassen,
und wenn sie voller Teufel wäre,
und sollte mein Leib,
der doch Deiner Hände Werk und Geschöpf ist,
darüber zugrunde gehen, ja zertrümmert werden –
dafür aber ist mir Dein Wort und Dein Geist gewiss.
Es geht ja nur um den Leib,
die Seele ist ja Dein und gehört zu Dir,
und bei Dir bleibt sie auch in Ewigkeit.
Amen. Gott helfe mir!

Aus der Geschichte lernen

Himmlischer Vater,
der Du alle Dinge geschaffen hast,
der Du die Kinder Israel aus Ägypten
   durchs Rote Meer, durch die Wüste
   und durch den Jordan geführt hast,
aus der Hand des Pharao erlöst,
mit Manna gespeist und mit Wasser aus dem Felsen
   getränkt hast:
das alles geht mich nicht an.
Der Du an Noah große Wunder vollbracht hast –
Das geht mich auch nicht an.
Der Du den Petrus auf dem Meer gehen ließest,
den Aussätzigen den Befehl gabst, sich den Priestern
   zu zeigen,
auch das geht mich nicht an.
Ich aber rufe Dich an und greife nach Dir
   mit dem Wort und den Zeichen,
das mich angeht, nämlich so:
Herr, Du hast mich erlöst durch das Blut
   Deines Sohnes Jesus Christus.
Dieses Wort geht mich an und durchdringt
   den Himmel.

Mit diesem Wort treffe ich Dich gewiss,
damit hast Du mich gefesselt, dass ich Dich
   in diesem Geschehen
ergreifen und treffen soll:
Erhöre mich.

Zweifel am Beten

Lieber Herr und Gott, Du weißt,
dass ich nicht aus mir selbst
und aus eigener Erkenntnis
noch weil ich mich für so wertvoll halte
zu Dir komme.
Wenn ich nur darauf blicken würde,
dürfte ich meine Augen nicht zu Dir aufheben
und wüsste nicht,
wie ich anfangen könnte zu beten.
Ich bete, weil Du selbst es geboten
und ernsthaft gefordert hast,
dass wir Dich anrufen sollen.
Du hast uns auch verheißen
und dazu Deinen Sohn gesandt,

der uns gelehrt hat,

was wir beten sollen und die Worte

vorgesprochen hat.

Darum weiß ich, dass Dir diese Gebete gefallen,

und meine Erkenntnis, dass ich mich vor Dir

Gottes Kind nennen darf,

scheint übergroß.

Aber ich bin Dir gehorsam, Du willst es so haben.

Damit ich Dich nicht Lügen strafe

und mich neben vielen anderen Sünden

noch mehr gegen Dich versündige – sowohl damit,

dass ich Dein Gebot verachte

als auch noch Deiner Verheißung

keinen Glauben schenke.

Was sind wir?

Was sind wir?

Das möchtest Du, lieber Herr,
dass sich der Mensch als Sünder begreife
und sein ganzes Leben nicht anders verstehe
denn als ein Gebet, eine Begierde,
ein Seufzen nach Deiner Barmherzigkeit.
Darum, o Herr,
vernimm und achte auf die Stimme meines Gebets,
verachte nicht die Worte,
die Du hörst und wahrnimmst.

Die eigene Unwürdigkeit

Herr,
es ist Deine Ehre und der Dienst an Dir,
wodurch ich Dich rühme und ehre,
dass ich vor Dir bettele.
Darum, lieber Herr,
schau nicht darauf,
dass ich unwürdig bin,
sondern dass ich Deiner Hilfe bedarf.
Denn dass ich unwürdiger Mensch
und armer Sünder vor Dir bitte,
geschieht Dir zu Ehren,
ich kann Deine Hilfe nicht entbehren,
Du aber kannst und willst denen geben,
die Dich bitten.

Fröhlich trotz Sünden

Herr,
ich bin vor Dir ein Sünder,
Du aber bist meine Gerechtigkeit.
Darum bin ich fröhlich
und singe unerschrocken.
Denn meine Sünde vermag
Deiner Gerechtigkeit nichts anzuhaben,
auch wird Deine Gerechtigkeit
mich nicht ein Sünder sein noch bleiben lassen.
Gelobt seist Du, Herr,
mein treuer Gott,
mein Erbarmer und Erlöser,
auf Dich allein vertraue ich,
darum werde ich nimmermehr zuschanden.

Klage über eigene Blindheit

O Herr Gott,

was sind wir, wenn Du uns fallen lässt?

Was tun wir,

wenn Du Deine Hand von uns abziehst?

Was können wir verrichten,

wenn Du uns nicht mehr erleuchtest?

Ist das der freie Wille und unser Vermögen,

dass im Augenblick aus dem Gelehrten ein Kind,

aus dem Klugen ein Narr,

aus dem Weisen ein Wahnsinniger wird?

Wie schrecklich bist Du in Deinen Werken

   und Gerichten?

Lass uns im Licht wandeln,

solange wir es haben,

damit wir uns im Dunkel nicht verirren.

Was wir sind und haben

Lieber Herr Gott,
was wir haben und brauchen,
gehört alles Dir.
Wir haben es ja nicht gemacht,
haben es nicht von uns
oder aus uns heraus geschaffen.
Vielmehr hast Du es uns gegeben,
es ist Dein Geschenk und Deine Gabe.
Vor allem aber:
Dein ist auch das Werk
und die Barmherzigkeit,
dass wir vor Tod und Teufel gerettet,
von Sünden frei und ledig sind:
Dafür gebührt allein Dir die Ehre
und nicht mir.

Nächstenliebe

Herr,
daran fehlt es mir:
Du schenkst Dich mir so reich und im Überfluss,

ich aber kann es nicht in gleichem Maß
meinem Nächsten gegenüber tun.
Das beklage ich vor Dir und bitte,
mache mich doch so reich und kraftvoll,
dass ich es auch vollbringen kann.

Ich bin ein Werkzeug

Herr Gott,
Was ich geleistet habe,
steht nicht in meiner Macht,
ich bin nur ein Werkzeug,
dabei tue ich, was ich kann,
ich schaffe und arbeite,
mühe mich und sorge,
weise an und befehle,
wache und lasse es mir sauer werden.
Gib Du, lieber Herr,
in dessen Gewalt alles steht,
all das Wachsen und Gutwerden,
sonst wird alle Mühe und Arbeit vergebens sein.

Was sind wir?

Dein schönes Licht

Herr Jesus Christus,
Du liebe Sonne,
strahle fest über uns
und lasse Dich durch
Wolken und Wetter nicht verdunkeln.
Erhebe Dein schönes Licht über
alle Wolken und Wetter,
erhalte uns den Tag,
dass nicht Wolken und Wetter mit ihrer Finsternis
den Sieg davontragen,
sondern Du mit Deinem schönen Licht
die Oberhand behältst.

Erfüllt werden

Siehe, Herr,
hier ist ein leeres Fass,
das gefüllt werden muss.
Mein Herr,
fülle es!

Ich bin schwach im Glauben –
stärke mich!
Ich bin kalt in der Liebe –
wärme mich, ja mache mich heiß,
dass meine Liebe auf den Nächsten strömt!
Ich habe keinen festen und starken Glauben,
ich zweifle immer wieder,
kann Dir nicht vollkommen vertrauen.
Ach Herr, hilf mir,
mehre meinen Glauben und mein Vertrauen,
in Dir ruht der ganze Schatz meiner Güter,
ich bin arm,
Du bist reich und gekommen,
Dich der Armen zu erbarmen.
Ich bin ein Sünder,
Du bist gerecht!
Bei mir staut sich die Sünde,
in Dir aber ruht die Fülle der Gerechtigkeit.
Darum bleibe ich bei Dir,
von dem ich reichlich nehmen kann,
dem ich aber nichts zu geben vermag.

Krank sein und leiden

Hilferuf

Herr,
ich sei wie auch immer,
danach frage ich gar nicht.
Denn auch wenn ich ein Sünder und böse bin,
so weiß ich doch,
dass mein Herr Christus kein Sünder
und nicht böse ist,
sondern er bleibt gerecht und gnädig.
Je sündhafter und schlechter ich bin,
umso stärker will ich zu ihm rufen und schreien
und mich um sonst nichts kümmern.
Denn ich habe jetzt keine Zeit darüber zu rechten,
ob ich erwählt bin oder nicht.
Ich fühle nur, dass ich Hilfe brauche,
darum komme ich zu Dir
und suche sie in aller Demut.

Krank sein

Ach lieber himmlischer Vater,
Dein Wille ist seit jeher doch
der beste und nützlichste Wille
im Himmel und auf Erden.
Will Gott mich halten,
so will ich gerne leben
und tun, was ich vermag.
Will er es aber anders haben,
so geschehe des Vaters Wille,
und ich ergebe mich in Deine Gnade, Gott.

In langem Leiden

Ach lieber Herr und Gott,

Du hast uns fürwahr lange geplagt

und hart zugesetzt.

Hast uns mit Unheil, Angst und Trübsal,

mit Jammer und Not umgeben,

hast uns aber auch

die Weisheit und Erkenntnis gegeben,

dass wir Deinen Zorn und Grimm

über unsere Sünde erkennen,

den ewigen Tod fühlen und uns

vor der Verdammnis fürchten,

unser Leben in Todesängsten verbringen.

Nun, lieber Gott,

lass es genug sein,

beende Deinen grimmigen Zorn,

Du hast uns genug gezüchtigt,

genug gedemütigt,

ja niedergedrückt und zu Tode geängstet,

dass wir nur wenige freudige Tage und Stunden
gehabt haben.

Wir bitten Dich, lieber Gott,
kehre Dich wieder uns zu,
sei Deinen Knechten gnädig,
zeige uns Deine Gnade und Barmherzigkeit,
damit wir getröstet werden,
damit wir uns in der Angst und Trübsal
sowohl hier als auch in der Ewigkeit trösten können.

Krank sein und leiden

In Not und Gefahr

Ich weiß gewiss,
dass mich dennoch unser Herr Gott
  herzlich lieb hat,
auch wenn ich jetzt in dieser großen Not stecke
und nicht sehen kann,
wie mir geholfen werden könnte.
Ich stelle es aber meinem lieben Gott anheim,
er sieht jetzt in diesem großen Jammer auf mich
wie eine Mutter auf ihr Kind,
das sie unter ihrem Herzen getragen hat.
Er wird es wohl machen!

Ihn will ich bitten und gewiss glauben,
dass er mich erhören und erretten wird.
Denn wenn die Gerechten schreien,
dann erhört sie der Herr
und errettet sie aus aller ihrer Not.

In Not

Lieber Herr,

ich habe ja Dein Wort

und es geht mir so, wie es Dir gefällt,

das weiß ich.

Sieh her, woran es mir überall mangelt,

dass ich keine Hilfe finde außer bei Dir.

Darum hilf Du, wie Du gesagt und befohlen hast,

dass wir bitten, suchen und anklopfen sollen,

so werden wir sicher empfangen,

finden und haben, was wir begehren.

Krank sein und leiden müssen

Du hast es verheißen, und darum bitte ich:
Gib mir nicht Gold oder Silber,
sondern einen starken und festen Glauben.
Ich suche nach Deiner Verheißung:
Lasse mich nicht Lust und Freude der Welt finden,
sondern Trost und Erfrischung
  durch Dein heilsames Wort.
Weil Du verheißen hast zu hören,
darum klopfe ich an:
Öffne mir,
ich begehre nichts,

was die Welt als groß und bedeutend erachtet.
Sondern Deinen Heiligen Geist schenke mir,
  dass er mein Herz belehrt
und mich in meiner Angst und Not
  stärkt und tröstet.

Krankheit

Lieber Herr und Gott,
unser Leben steht so gar nicht in unserer Hand!
Wir leben aus Deinem Willen
und wissen nicht, auf welche Weise
wir zu leben beginnen.
Ebenso sterben wir nach Deinem Willen
und wissen nicht, warum.
So mancher scheint doch so stark
und springt voller Leben auf
und will noch lange auf Erden sein –
da kommst Du und nimmst ihn plötzlich weg.
Andererseits wiederum liegen ich und andere da
und wollen jetzt sterben,
und Du willst, dass wir weiter leben.

Not überwinden

Ach Vater und Gott allen Trostes,
verleihe uns durch Dein heiliges Wort
und Deinen Geist
einen festen, fröhlichen und dankbaren Glauben.
Damit wir diese und andere Not glücklich
    überwinden können
und endlich schmecken und erfahren,
dass es wahr ist, was Dein lieber Sohn gesagt hat:
„Seid getrost, ich habe die Welt überwunden!"

Schwere Krankheit

Mein allerliebster Gott,
ich danke Dir von Herzen,
dass Du es gewollt hast,
dass ich in der Welt arm und als Bettler leben soll.
Deswegen kann ich weder Haus
noch Acker oder Grund und Boden noch Geld
meiner Frau und den Kindern hinterlassen.
Wie Du sie mir geschenkt hast,
so gebe ich sie Dir zurück,
Du treuer, reicher Gott,
ernähre sie, lehre sie, erhalte sie,
wie Du mich bisher ernährt hast,
Du Vater der Waisen und Richter der Witwen.

Sterben

Herr Gott,
ich bin schwach und ängstlich,
darum fliehe ich vor dem Übel
und tue, was ich kann, dass ich es vermeide.
Gleichwohl bin ich in Deiner Hand,
in diesem und jeder anderen Art von Übel,
die mir begegnen.
Dein Wille geschehe.
Denn meine Flucht wird nichts ausrichten,
überall lauert das Übel und Unglück.

Denn der Teufel feiert nicht noch schläft er,
er ist ein Mörder seit jeher
und sucht überall nur Mord und Unglück
anzurichten.

Vor dem Tod

Allmächtiger, ewiger,
barmherziger Herr und Gott,
Vater unseres Herrn Jesus Christus,
ich weiß gewiss,
dass alles, was Du gesagt hast,
nach Deinem Willen geschieht,
denn Du kannst nicht lügen.
Dein Wort ist wahrhaftig.
Du hast mir am Anfang Deinen lieben,
    einzigen Sohn Jesus Christus zugesagt,
er ist gekommen und hat mich vom Teufel,
    vom Tod,
von der Hölle und den Sünden erlöst.
Danach – zur größeren Gewissheit –
aus Gnade mir die Taufe
und das Abendmahl geschenkt,
in denen mir die Vergebung der Sünden
    angeboten wird,
ewiges Leben und himmlische Güter.
Das habe ich angenommen und mich im
    Glauben fest
auf sein Wort verlassen,

die Sakramente empfangen,
und zweifle nicht daran,
dass ich ganz sicher und in Frieden bin
vor Teufel, Tod, Hölle und Sünde.
Ist dies nun meine Stunde
  und Dein göttlicher Wille,
so will ich friedlich und mit Freuden
auf Dein Wort hin gern von hinnen scheiden.

Am Ende sein

Lieber Herr,
Gott und Vater,
dieses Leben ist doch
voller Jammer, Unglück und Unsicherheit,
voller Untreue und Bosheit,
dass es uns verzweifeln lässt.
Dass wir uns den Tod wünschen,
nur damit wir nichts mehr leiden
und aushalten müssen.
Doch Du, unser Vater,
kennst unsere Schwäche.
Verleihe uns Geduld in allem Leiden,
lass uns die Mühen des Lebens gern ertragen,
leite uns durch die zahlreichen Übel
und die Bosheiten sicher hindurch.
Und wenn unsere Zeit gekommen ist,
gib uns eine gnädige Todesstunde,
dass wir vor dem Tod nicht erschrecken
oder uns ängsten,
sondern mit festem Glauben
unsere Seele in Deine Hand befehlen.

Danken

Dank für den Schutz der Engel

Lieber himmlischer Vater,
ich danke Dir und lobe Dich deswegen,
dass ich armer Mensch
– wenn meinesgleichen auch
  hunderttausend wären –
einem Teufel nicht widerstehen könnte.
Und doch widerstehe ich
durch Deiner heiligen Engel Hilfe.
So geht es mir,
der ich nicht einen Tropfen Weisheit habe,
der Teufel dagegen ein ganzes Meer:
So kann er mich nicht überwinden
  noch schaden.
Meine Narrheit und Schwachheit
macht seine große Weisheit und Kraft zunichte.
Dafür, mein barmherziger Gott
und Vater unseres Herrn Jesus Christus,
habe ich Dir allein zu danken.

Dank für die Schöpfung

Ich danke Dir,
ewiger Gott und Vater, von Herzen,
dass wir aus dem Nichts durch Deine Güte
 geschaffen wurden,
aus dem Nichts heraus täglich erhalten werden,
als ein gutes Geschöpf, das Leib und Seele,
Vernunft und fünf Sinne hat,
dass Du uns die Erde,
Fische und Vögel und alle Tiere anvertraut hast.
So bitten wir Dich um den rechten Glauben,
dass wir Dich, meinen lieben Gott,
auch weiterhin für unseren Schöpfer
halten und an ihn glauben mögen.

Danken

Beschenkt

Herr Gott, himmlischer Vater,
von dem wir ohne Unterlass
alles erdenklich Gute im Überfluss empfangen
und täglich vor allem Übel gnädig bewahrt werden,
wir bitten Dich, schenke uns durch Deinen Geist,
dass wir durch Deinen Geist
im rechten Glauben dieses Geschenk erkennen,
damit wir Dir für Deine milde Güte
   und Barmherzigkeit
ewig danken und Dich loben
durch Deinen Sohn Jesus Christus,
   unseren Herrn.

Stoßgebet

O Gott Vater,
worum ich Dich gebeten habe,
das wird sicher geschehen,
daran zweifle ich nicht,
es wird so kommen –
nicht deshalb,
weil ich es erbeten habe,
sondern weil Du gesagt hast,
ich soll bitten und Deine Zusage gegeben hast.
So bin ich gewiss,
dass Du, Gott, wahrhaftig bist,
Du kannst nicht lügen.
Also nicht die Würde meines Gebets,
sondern die Gewissheit Deiner Wahrheit
macht mich so fest im Glauben.
Ich zweifle nicht:
Es wird ein Amen werden
und also geschehen.

Geduld fassen

Herr,
dass ich meinem Nächsten nicht zürnen
noch ihm gegenüber ungeduldig werden soll,
wenn er mir etwas zuleide tut:
Das schaffe ich aus mir heraus nicht.
Gib Du Gnade und Hilfe,
dass ich es tun kann.

Erfolg haben

Ach, lieber Herr Gott,

verzeihe mir meine Schwachheit.

Denn die großen Wohltaten,

die Du durch mich vielen Menschen erwiesen hast,

die habe ich nicht mit Weinen und Klagen,

nicht mit Kreuz und Leiden verdienen können.

Du bist ein solcher Gott,

der mehr gibt,

als ich jemals habe hoffen und begreifen können.

Danken

Trost finden

O gütiger Heiland,
wie weise hast Du es eingerichtet,
Du bist ja mein Bruder,
das weiß ich,
es steht ja im Psalm: „Ich will meinen Brüdern
Deinen Namen erzählen."
Obwohl Du nun Gott bist,
ein König des Himmels und der Erden,
so muss ich mich vor Dir nicht fürchten.
Denn Du bist ja mein Freund,
mein Bruder, mein Fleisch und Blut,
doch lasse ich mich da nicht irreführen,

dass ich sündig bin und Du heilig.
Denn wenn ich kein Sünder gewesen wäre,
hättest Du nicht für mich leiden müssen.
Darum bin ich getrost.
Ich sehe auch,
dass in Deinem Stammbaum
gute und böse Menschen festgehalten sind,
von ihnen wolltest Du geboren werden,
damit Du die furchtsamen und verzagten Gewissen
    trösten kannst.

Sie können auf Dich vertrauen,
weil Du unsere Sünden hinweggenommen hast.
Und damit wir dessen gewiss sein können,
hast Du uns Dein Wort gegeben,
das uns die Erlösung zusagt.
Dir sei Lob in Ewigkeit.

Klage über Undankbare

Ach lieber Gott,
wie groß ist doch die Blindheit,
Unwissenheit und Bosheit eines Menschen,
der nicht daran denkt, was ihm geschenkt ist,
sondern tut das ganze Gegenteil:
Die allerbesten und herrlichsten Gaben Gottes
missbraucht er
zu allen möglichen Sünden und Schanden,
ganz nach seinem Geschmack und seiner Lust –
und singt Dir, unserem Herrgott,
nicht ein einziges Dankeschön!

Danken

121

Schwach und stark zugleich

Lieber Gott,
Dir sei Lob und Dank,
dass Du uns jeden Tag erhältst
im Wort, im Glauben und im Gebet.
So können wir in Demut und
in Ehrfurcht vor Dir leben,
nicht pochen auf eigene Weisheit
  und Gerechtigkeit,
eigene Erkenntnis und Stärke,
sondern rühmen uns allein Deiner Kraft.
Wenn wir schwach sind,
bist Du stark,
Du behältst den Sieg
durch uns, die Schwachen!
Dir sei Lob und Dank in Ewigkeit.

Recht glauben

Herr,

ziehe Du mich zu Dir,

hilf mir und schenke mir Kraft und gebe,

dass ich glauben kann,

wie David im 51. Psalm betet:

„Schaffe in mir, Gott, ein reines Herz

und gib mir einen neuen, gewissen Geist!"

Ein neues, reines Herz kann ich nicht schaffen,

es ist allein Dein Geschöpf.

Gleich wie ich Sonne und Mond

nicht dazu bringen kann,

dass sie aufgehen

und am Himmel hell scheinen,

so wenig vermag ich auch zu schaffen,

dass das Herz rein sei

und ich einen neuen, gewissen Geist,

einen starken und festen Mut habe,

der unerschütterlich ist

und nicht unruhig und zweifelt

an Deinem Wort.

Mit Jesus Christus beten

Fest werden

Der Himmel ist uns umsonst gegeben
   und geschenkt.
Wir haben nichts dazu getan,
auch nichts dazu tun können.
Christus, unser Herr,
hat ihn durch sein Blut teuer erkauft.
Darüber haben wir Brief und Siegel:
Die ewige Verheißung des Evangeliums,
und: Wir sind getauft!
Wir empfangen nach Christi Befehl
seinen Leib und Blut im Abendmahl,
wenn wir spüren, wie schwach und ohnmächtig
   wir sind.
Gott,
gib nun Gnade und hilf,
dass wir die Botschaft wohl verwahren,
damit sie uns nicht zerrissen wird.

Gib auch, dass wir uns nicht in Sicherheit wiegen,
wenn es uns gut geht,
dass wir nicht in Trauer versinken,
wenn uns die Trübsal erfasst,
sondern immer in Gottesfurcht leben,
fest und beständig
im Glauben und Bekennen
Jesu Christi bleiben
und das Vaterunser stets
mit Mund und Herz sprechen.

Beten in Christus

Lieber Gott und Vater,
ich weiß gewiss,
dass Du mich liebhast.
Denn ich habe Deinen Sohn
und meinen Erlöser Jesus Christus lieb.
In diesem Vertrauen und dieser Zuversicht
will ich Dich jetzt getrost bitten mich zu erhören
und mir zu schenken, worum ich bitte.
Nicht weil ich so heilig und rechtschaffen wäre,
sondern weil ich weiß,
dass Du gern alles geben und schenken willst
um Deines Sohnes Jesus Christus willen.
In dessen Namen trete ich vor Dich,
bitte und zweifle nicht, dass mein Gebet
– ich sei wie auch immer –
gewiss erhört wird.

Nicht unser Ruhm

Lieber Herr Christus,

schenke uns Deinen Geist und Deine Gaben –

nicht zu unserem Ruhm,

sondern zum Nutzen und zur Besserung

  der Christenheit!

Denn dazu allein wird doch der Geist geschenkt,

wie Paulus im Korintherbrief sagt:

„Auf dass es gerecht aufgeteilt werde!"

So nämlich: uns Schande und Scham für unsere

  Sünde und die Untugend,

Dir aber Lob und Ehre,

Liebe und Dank für Deine unaussprechliche Gnade

und alle Gaben in Ewigkeit.

Abendmahl

Lieber Gott,

aus unergründlicher Gnade

hast Du mir die Sünde vergeben.

Hilf, dass ich nun Lust an Deinem Wort

und Abendmahl gewinne,

Dich und Deinen Sohn dankbar preise und lobe,

damit Dein Name durch mich geheiligt werde,

Dein Reich zu mir komme,

Dein göttlicher Wille in mir geschehe,

damit ich schließlich dahin komme,

ein fröhlicher Mensch in Christus zu werden,

alles mit Liebe und Lust tue und leide,

so wie einst Deine Zeugen waren,

die nach Tod, Teufel und Hölle nicht gefragt haben.

Am Tisch des Herrn

Herr, es ist wahr, dass ich nicht würdig bin,
dass Du unter mein Dach gehst.
Doch ich brauche,
ja ich sehne mich nach Deiner Hilfe,
Deinem Trost,
damit ich zum Glauben komme.
Ich kann mich ja auf nichts anderes verlassen.
Eben habe ich das süße Wort vernommen,
mit dem Du mich zu Deinem Tisch bittest,
mit dem Du mir Unwürdigen sagst,
mir seien alle Sünden vergeben
durch Deinen Leib und Blut,
die ich in diesem Abendmahl empfange.
Wahrhaftig, lieber Herr,
Dein Wort ist wahr,
daran zweifle ich nicht,
darauf esse und trinke ich mit Dir,
mir geschehe nach Deinen Worten.

Text-nachweise

Textnachweise

Textnachweise

135